© 2018 – Marianne Trenskow (udg.)
Forlag: Books on Demand – København, Danmark
Fremstilling: Books on Demand – Norderstedt, Tyskland
Bogen er fremstillet efter on-Demand-proces

ISBN 978-87-4300-091-4

Lillys bog

(red. og renskrevet af Marianne Trenskow jan 2018 Lillys ældste datter)

Min mor har skrevet dagbøger det meste af sit liv, og hun efterlod ved sin død i november 2006 en række chartekker med disse dagbøger, sorterede og ordnede efter årstal.
Imellem disse efterladte dagbøger lå også disse erindringer fra barndommen og ungdommen,- skrevet i forskellige anledninger - til HK's arkiver på Arbejdermusset, til Lokalhistorisk arkiv i Ravnshøj, og til børn, børnebørn og oldebørn, hvis de skulle vise interesse.

Jeg har nu forsøgt at sammenskrive disse,- og har redigeret så lidt i dem som muligt. Dog har jeg udeladt passager, som var stort set identiske i de forskellige beretninger.

FRA MIN BARNDOM:

Jeg har på et tidspunkt forsøgt at skrive lidt om, hvad jeg kan huske fra min barndom og også lidt om, hvad mine forældre har fortalt mig i de lange vinteraftner - dengang var der jo hverken TV eller radio. Så det var fortælling og læsning, der dengang var vores underholdning.

Nu er det jo sådan, at det altsammen er håndskrevet, og de dagbøger , jeg har forsøgt

at skrive, kan mine børn vistnok læse, men allerede børnebørnene kan ikke læse den håndskrift, der hører vores generation til.

Ligesom vi heller ikke , eller med meget besvær kunne tyde de gotiske
bogstaver, vores bedste - og oldeforældre lærte.

Altså skal jeg nu igen med at skrive det her på computeren, vi er jo nu i det 21. Århundrede, og en sådan er også kommet i min besiddelse. Ganske vist efter dagens udbud allerede en oldnordisk model, men til mit formål ganske udmærket.

Dette er ikke på nogen måde i kronologisk orden, det er skrevet efterhånden som jeg er kommet i tanker om dette eller hint, jeg synes skulle med.

Det er nok lidt af et tilfælde, at jeg lige fik startet idag d. 17. November (1993), men min far - Martin Christian Sofus Nielsen - han blev født idag for for 108 år siden, altså den 17.11.1885.

Han blev født i et lille stråtækt bindings-værkshus i landsbyen Tindbæk, i nærheden af Læsten- Hammershøj, som ligger ved lande-vejen mellem Randers og Viborg.

Det er ikke så forfærdeligt meget, jeg ved om fars barndom, jeg ved, at det er fra ham, vi har arvet vores astma.

Far fortalte, at det blev der ikke gjort noget stort nummer ud af; han fortalte, at han altid sad inde i kakkelovnskrogen, når det blev for slemt. Men jeg ved, at han- som alle hans jævnaldrene, som var født af folk i små kår- om sommeren var hyrdedrenge ude i engene ved køer og får, også gæs skulle der sommetider holdes øje med.
Men når far fortalte det, var det egentlig aldrig med beklagelser over, hvor hårdt, det jo også må have været, snarere som en konstatering af, at sådan var den verden, de var født ind i.

Min fars far har jeg aldrig kendt, han døde i 1922, hvor jeg så først blev født i 1925. Jeg har et billede af min farmor, siddende ved siden af førnævnte kakkelovn i sort kjole med et hvidt forklæde, midterskilning i håret, som var glat og samlet i en lille knold i nakken.

Håret var fast flettet, rullet sammen som en snegl og samlet i nakken med tynde hårnåle. Det var også min mors frisure, indtil jeg var omkring 10 år,- da blev hun til manges forargelse klippet korthåret. Mor påstod, at hun fik hovedpine af alle de hårnåle, og hun mente også, at det blev bedre, da hun slap for dem.

Omtrent på den tid , altså i ca 1935, faldt mor og brækkede sin ankel. Hun var stået op kl 04.00, fordi hun skulle over og malke naboens køer. Naboerne var ude på julebesøg , så på vejen hjem derfra, var hun faldet på de sneglatte marker, da hun ville skyde genvej hjem. Jeg vågnede ved, at mor kom kravlende ind i soveværelset på alle fire og det første hun sagde var: "Nu skal du ikke blive forskrækket, jeg har nok bare brækket benet !"
Anklen viste sig ganske rigtigt at være brækket, men hun fik bare en ekstra start forbinding lagt om og så skulle hun ellers bare blive liggende, til det var groet sammen.

Der fik jeg min første undervisning i madlavning, - mor dirigerede inde fra sofaen i stuen og jeg rendte så frem og tilbage for at spørge og vise frem for at få at vide, om det nu så godt nok ud. Det foregik jo på et lille gammelt komfur, måske havde vi også en primus, det kan jeg ikke rigtigt huske.
Derimod husker jeg tydeligt, at far en dag var hjemme og så var det ham, der skulle koge hvidkålssuppe. Nej, hvor fik han skældud af mor, fordi han havde puttet det hele i gryden på en gang, og så var noget jo kogt helt til mos inden det sidste var mørt !
Jeg tror nok, mor sagde: "Ja, det kunne tøsen - altså mig - have gjort ligeså godt."

En anden ting, jeg husker ganske tydeligt, er en lillebitte træ-grydeske. Jeg ved ikke, hvor gammel, den kan have været, men den var simpelthen så slidt, at der næsten ikke var mere tilbage af den, men den må have været en fin træsort, for den var så fin og skinnede; den ville jeg gerne have ejet idag. Mor brugte den, når hun lavede melboller, og dér havde den lige den rigtige størrelse. Så kan I jo selv regne ud, hvor lille den var.
Nu er der jo ingen, der laver melboller mere, nu køber man dem jo frosne, lige til at putte i

gryden. Jeg lavede dem da tit før i tiden, men jeg havde en bollesprøjte, - jeg ved ikke, om en sådan stadigvæk findes- jeg ved heller ikke, hvor vores blev af. Måske Dorte fik den til Belgien.

Nu er jeg så allerede ude på et sidespor, for jeg begyndte jo egentlig med far.
Far var tjenestekarl som ung mand, rundt om på forskellige gårde på sin hjemegn, og jeg tror, far især har været glad for at arbejde med heste, for når far fortalte historier i de førnævnte vinteraftener, så handlede de meget ofte om heste. Der var næsten historier om heste fra hver eneste gård, han havde tjent på.

Nogle var så kloge, at de næsten selv vidste, hvad der skulle gøres, andre var tvære og ville kun arbejde med én bestemt ved tømmerne. Jeg elskede de hestehistorier, men er aldrig selv blevet fortrolig med heste; Jeg er nok nærmest lidt bange for dem.

Under første verdenskrig var far 2 gange indkaldt til det, der blev kaldt Sikringsstyrken i København, hvor han også havde aftjent sin værnepligt i 1906. Det var på Bådsmandsstrædes Kaserne, nok det nuværende Christiania og det er nok godt nok, at far ikke oplevede den forandring, det tror jeg ikke, han ville synes om.

(Marianne: Morfar med snurbart i midten i midterste række)

En ting , han ofte nævnte , var FLASKEKRO, og efter hvad jeg har hørt, eksisterer den endnu.
http://clausib.blogspot.dk/2014/11/flaskekroen.html

Min ældste søster; Marie, blev født i 1908, mor og far blev gift i 1909, og nummer to, Charlotte blev født i 1910 og så kom Klara i 1913.
I 1916 arbejdede far på et teglværk og da så bestyreren af dette fik stilling som bestyrer på Ravnshøj Teglværk heroppe i Vendsyssel, fik han mor og far overtalt til at rejse med herop, og derfor er Mona -født 1916 og jeg fra 1925 - altså blevet vendelboere.

(Det følgende   er fra en artikel, mor har skrevet til Arbejdermuseet på opfordring af HK):

"Jeg er født i Aasted sogn, lidt vest for Frederikshavn , nærmere betegnet i Skaftvedhus ved Ravnshøj og jeg gik i Ribberholt Skole de første 5-6 år af min skoletid, det sidste par år gik jeg i Flade skole, beliggende på Hjørringvej i Fredrikshavn.

Mine forældre var kommet til Vendsyssel fra Randersegnen i 1916, far først som teglværksarbejder , senere som fodermester på en gård (Skaftved) med 40 malkekøer. På den

tid foregik det hele jo med håndkraft, så der var rigeligt at lave for både far og mor.
Mine forældre stammer fra en slægt af små-husmænd og landarbejdere, min morfar var også tækkemand. "

Marianne: Dette foto må være taget i 1914-15. Klara på armen er født i 1913 og hun er del dér 1,5 - 2 år ? Jeg har læst et sted i noget slægtsforskning, at de to første (Marie og Klara) er født i "moderens hjem, Risagergaard Tindbæk")

Så det er måske farmor og farfar i på Randers-egnen, før familien flytter til Ravnshøj, hvor mor og moster Marie er født) Jeg gætter på er det er Martins far- for fætter Henrik ligner lidt ?

Følgende er fra en artikel, mor har skrevet til Lokalhistorisk arkiv i Ravnshøj :

MIN BARNDOM I FODERMESTERHUSET

" Den tid, jeg vil skrive om, er omkring 1930 og nogle år frem. Mor og far var som sagt fodermesterfolk, som det nok hed, og far passede hele besætningen, 40 malkekøer, kalve og grise, som der nu var på en større gård dengang.
De startede tidligt dengang, kl. 04.00 startede morgenmalkningen. Mor var en knag til at malke, far kunne sket ikke følge med, hvilket indebar, at det var mor, der malkede langt de fleste af køerne. Min mor døjede efterhånden lidt med at holde til slæbet, - det var jo to gange om dagen, så i nogle år efter sin konfirmation , blev min ældre søster hjemme for at aflaste mor lidt.
Jeg fik aldrig lært at malke, men jeg var også kun 13 år, da mine forældre stoppede på gården.

Lilly og far 8 -9 år

Hvordan var min barndom så ? Jeg synes, den var danske udmærket. Som barn accepterede man vel egentlig, at sådan var nu vores tilværelse. Jeg havde overhovedet ingen forestilling om, at at kunne være anderledes.

Mit største problem var nok min astma, som jeg døjede med lige fra fødslen. Den var til megen besvær for hele familien. Der måtte sommetider hentes læge midt om natten, der skulle hentes "sygesedel", det

var ikke enkelt dengang. Det kostede også penge- jeg tror, at om søndagen var prisen 4 kr.

Det var slet ikke så lidt dengang, jeg mener, mine forældres månedsløn, dengang jeg begynder at kunne huske noget om det, vat 100 kr om måneden. Derudover en halv gris en eller to gange om året, kartofler og mælk: Nok også lidt andet kød af og til, når der blev slagtet en spædekalv.
Grøntsager havde vi selv i haven. Mor var et flittigt havemenneske.
Egentlig var vi nok det, man vil kalde fattige, men det tænkte jeg faktisk aldrig over.
Vi fik mad nok, og nyt tøj blev det da også til engang imellem.

Jeg kunne da godt se, at der var forskel på boliger, når jeg legede med datteren på gården, men det var jo bare sådan, det var. Jeg tænkte da aldrig på, at "bare det var os, der havde dette eller hint", - jeg må jo have været godt tilfreds, som jeg havde det.

Og hvordan boede vi så ? Jo, vi boede i et lille stråtækt hus, der var en pæn stor have, som mor som sagt var meget glad for, og så havde vi et lille hønsehus. Jeg kan godt huske, da det blev bygget,- det var en vældig forandring. Før havde hønsene været i et lille rum inde i selve huset, der så blev lavet til et værelse til min søster. Jeg var nok ret stor, før jeg flyttede ud af mine forældres dobbeltseng. Der var nu også så vældigt trygt !
Senere rykkede jeg ind på en divan og senere, da min søster flyttede hjemmefra, fik jeg værelset. Jeg kan huske, at det var jeg ikke så glad for i starten. Det lå i den modsatte ende af huset end dér, hvor mine forældre sov.

Huset var sparsomt møbleret, men igen-der var da, hvad vi havde brug for.
Der var en gang, stue, -2 stuer, der var køkken og bryggers og et ekstra bagrum,

hvor der var gruekedel og et "lokum". Det var da ikke så ringe endda !

Så var der en stige op til loftet, hvor jeg - om sommeren - godt kunne lide at klatre op og ligge og læse i gamle bøger og blade. Det var nu ikke mange bøger, vi havde, men dem, der var, blev læst grundigt.

Når vi skulle til byen for at handle, foregik det enten på gåben, (7 km)- min mor kunne ikke cykle,- eller med rutebil. Jeg kan også huske enkelte gange, hvor vi havde lånt hest og jumbe på gården, men det har nu nok været ved ganske særlige lejligheder. Måske når min bedstefar kom på besøg, så skulle han måske hentes ved toget.

Jeg havde også herlige dage i høsttiden. Jeg måtte ikke køre med læssene, men jeg kørte troligt med hver eneste tomme vogn ud på marken, for så at gå hjemad for at møde en næste.

Det var tider for en lille pige, der ikke havde så mange legekammerater.

Jeg synes i det hele taget, jeg havde en god og tryg barndom. Fredelige aftner, hvor mor og far fortalte fra deres ungdomstid.
Mor sang sommetider,- hun havde en god sangstemme.
Vi havde selvfølgelig kun petroleums- lamper til belysning -og brændekomfur. Senere kom der også en primus til, men den var mor ikke så begejstret for,- den lugtede !

Min skoletid var jeg glad for , kun var vejen dertil lidt træls, mest på grund af min astma, men jeg var glad for at læse og lære.
Og det man tit hører idag,- at læreren tog mest hensyn til bedrestilledes børn- dét har jeg slet ingen fornemmelse af. Heller ikke, at vi skulle være særligt fattige.

Det eneste, der adskilte mig fra flokken, var den forbistrede astma. Jeg kunne jo ikke være med til ret meget, og det gjorde jo en forskel. Men så tog jeg revanche ved at være *godt til mine lektier, så måtte de andre jo holde sig god venner med mig.*

Astma var ikke særligt kendt på de egne i hvertfald, så jeg blev betragtet som lidt "anderledes".

Alt i alt synes jeg, at jeg havde en dejlig barndom i fodermesterhuset, men for mine forældre har det utvivlsomt været et hårdt slid. Men de beklagede sig aldrig. Men når jeg tænker på det nu, kan jeg da godtes, at mor ihvertfald var slidt op, men hun sparede sig heller aldrig. Hun nåede også kun at blive 60 år. "

Tilbage til mors beretning - og mere fra hendes barndom:

Nu her i november, hvor legetøjskatalogerne vælter ind ad døren med alle mulige ting, småbørnene skal blive fristede af, kommer jeg til at tænke på, hvad jeg egentlig havde af legetøj ?
Jeg havde ialtfald 2 rimeligt store dukker, den ene havde et fint porcelænshoved, øjne, der kunne lukke op og et langt , sort hår. Hun hed Elisabeth, hende havde jeg fået af en eller anden fjert tante, mor havde i Aarhus.
Og så havde jeg også dukke Lone, hun var mere almindelig, havde papmaché-hoved og påmalet hår. Hende legede jeg nok mest med, for den anden skulle jeg jo passe meget godt på, når man nu endelig var komet i besiddelse af noget så fornemt.
Hvor mon de dukker forresten er blevet af ?
Elisabeth blev ihvertfald ikke slidt op.
Dukke Lone blev derimod nok slidt op, for
hun blevet leget meget med.

Jeg kan huske, at jeg et år fik en dukkevogn til jul, måske nok en brugt, men det var jo ligemeget, for mig var den jo ny. Den blev brugt flittigt og jeg havde da også en fin dukkeseng. Jeg var den yngste og en del yngre end de andre , så mine storesøstre tjente deres egne penge, og så faldt der jo gaver af til hende "den lille".

Så havde jeg nok et ludospil, et par andre spil, et sjippetov og nogle bolde.Det er egentlig underligt, at det aldrig kommer på mode igen, dét med at spille bold.
 Man spillede da forskellige spil med boldene op ad en væg,- første gang men tabte en bold, var det en andens tur. Det gjaldt om at blive først færdig.
Jeg ville ønske, jeg kunne forklare et sådant spil: men det skal altså vises, og jeg er ikke sikker på, at jeg kan huske det hele.Det gik til tyve og hvert "tal" skulle spilles på en bestemt måde.
Sjippetovet var mest et almindeligt reb, det var også udmærket. Jeg var nemlig ikke så god til at sjippe på grund af min astma.

Jeg legede meget alene, vi boede jo ude på landet, så der var ikke legekammerater lige om hjørnet. Men jeg legede en masse fantasilege, og da jeg først fik lært at læse, så

læste jeg alt, hvad jeg kunne få fat i aviser, blade...alt !
Der var da også børn ikke alt for langt væk, som jeg også sommetider legede med. Og så gik jeg tit over til far på Skaftved.

Jeg kan huske én gang, hvor vi havde lånt hest og jumbe på Skaftved. Det var mor, der sad med tømmerne , og hvis Musse, som hesten hed, havde et lille føl derhjemme, så kan jeg love for, at det gik stærkt, når den kunne mærke, vi var på hjemvejen. Jeg skulle holde et tæppe op for ansigtet, for ikke at få sten og grus i øjnene. Det har så været før der kom asfalt på vejen.

På Skaftved var der fire spand arbejdsheste; der var fire karle, som havde hver sit faste spand, som de naturligvis hver især syntes, var de bedste.

Jeg var ikke særlig modig, men jeg hjalp dog min far med at hente de 40 stk løsgående køer hjem fra indhegningen. Det turde jeg godt, der var kun en enkelt hvid ko, - dén var jeg ikke særlig dristig ved. Den vendte sig altid om og gloede på mig. Det kunne jeg godt nok ikke lide.

Jeg var også kun 6 år, da jeg begyndte at hjælpe, men dengang føltes det, ihvertfald for mig, som en hel ære at blive betragtet som stor nok til det

Lilly 6-7 år

Mona var hjemme indtil hun var 18 år,- hun skulle hjælpe til med malkningen og hvad der ellers var.

Lige efter sin konfirmation havde hun været i byen en søndag eftermiddag, og hun kørte så direkte ned til gården og skiftede til "sit malketøj".
Sin fine andendagskjole af crepe de chine hængte hun ved én af kalvebåsene, desværre så tæt, at én af kalvene kunne nå den. Så da Mona kom og skulle klæde om igen, havde kalven ædt det halve af kjolen ! Jeg tror nok, der lige blev til en bluse af resten.

At jeg husker det så tydeligt så mange år efter fortæller også lidt om, at nyt tøj, det var ikke bare sådan noget, man lige fik. At miste sådan en fin, ny kjole var nærmest en katastrofe og hun fik garanteret også en masse skæld ud - af mor. Far skældte os næsten aldrig ud, jeg kan ikke huske, jeg har været uvenner med ham,— men jeg var jo også så forkælet, som de store sagde.

Jeg kan også godt huske karlekamrene på Skaftved. Utroligt, at man dengang syntes, at det var i orden at bo sådan, og så tror jeg i øvrigt ikke, at Skaftveds var de værste af slagsen.

Men en seng, en lille stol og et lille bord, - skabet kom karlen jo selv med, når han, som regel 1. November, flyttede til et nyt sted. Ingen varme, - men man var der også kun, når man sov, ellers kunne man sidde inde i folkestuen.

Om sommeren opholdt de sig nok mest ude omkring. Der var tit nogle hos os,- så lavede mor kaffe til dem og nogle gange var der en, der kom med kager. Det var fint at få kager fra en rigtig bager. Nogle gange om sommeren, hvis vejret var godt, sad de ude ved landevejen i grøftekanten. Så kom der måske piger forbi. Der var jo piger og karle på gårdene rundt omkring.
Kun husmændene klarede sig selv med kone og børn.

Jeg tror, mine forældre startede dér på Skaftved omkring 1918 og sluttede i 1936, tror jeg nok. De fik en sølvskål for lang og tro tjeneste.

Jeg mener, Lillian har den idag.

Far kom så over på teglværket igen, og der var han så i nogle år, indtil han fik arbejde i Frederikshavn, hvor vi så også boede.

Mor fortalte ikke så meget fra sin barndom. Hun var født d. 29 maj 1885 i Læsten i et lille lokalområde, der hedder Norge. I Mange år troede jeg, at det bare var noget, de kaldte det, men på et geodætisk kort har jeg set, at navnet er rigtigt nok.

Mors pigenavn var Ane Marie Lassen. Hendes far, Mikkel, var tækkemand, samtidig med de havde et lille husmandssted. Min mor mistede sin mor i 1891, altså da mor kun var 6 år.

Bedstefar giftede sig igen, jeg ved ikke engang, hvad stedmoderen hed. Hun var nok en rigtig stedmor. Mor fik mange klø med en kæp, indtil hun som 12-årig tog kæppen fra stedmoderen og brækkede den midtover. "Så var dét slut", som mor kort sagde og så fik jeg ikke mere at vide om dén sag.

Mor fik nye søskende , fire, tror jeg. Et par af dem har jeg mødt, men jeg husker ikke så forfærdelig meget om dem. Jeg kan ikke huske, om det var en søn eller en datter, der fik hjemmet og så skulle bedstefar bo på aftægt der. Efter hans død kom mor der aldrig mere.
Hun fortalte, at du hun som ung skulle købe sig en symaskine, gik hun 21 km til Randers og 21 km hjem igen med symaskinen !
Det blev ikke almindeligt med cykler før omkring 1906.

Bedstefar besøgte os i Skaftvedhus en gang om året de sidste år , han levede.

Han imponerede os altid med, at han kunne bide sig selv i storetåen,- han var en frisk gammel mand.

Han blev også syg oppe hos os, og da bad han mor om at blive bragt hjem, så "han kunne dø derhjemme", som han sagde.

Men aldrig så snart vi var taget afsted, lod de ham indlægge på sygehuset i Randers og dér døde han så efter et par dage.

Det tilgav mor dem aldrig, hun mente godt de kunne have passet ham de par dage, når han nu ønskede det så meget.

Nå, men egentlig var det jo meningen, jeg skulle fortælle noget om min egen barndom, så jeg må se og grave noget mere frem.

Jeg var jo den lille efternøler, og som jeg vist allerede har nævnt, temmelig forkælet. Det påstod de store hvertfald.

Mona sagde det aldrig, hun passede altid på mig. Hun var jo hjemme til jeg var omkring 10 år, så vi blev nok de to, der blev mest knyttet til hinanden. Af de tre store var der jo ingen hjemme, de var henholdsvis 12, 15 og 17 år ældre.

De kom så hjem på deres fridage, og der husker jeg nok bedst Charlotte, fordi hun altid kritiserede og rettede på mig. Jeg har på fornemmelsen, at hun syntes, at jeg var en irriterende lille unge.

Engang skulle vi være fine til en julefest og der skulle hun krølle mit hår med et krøllejern. Så brændte hun mit øre og jeg var HELT sikker på, hun gjorde det med vilje, hvad hun nu nok ikke gjorde.

Dengang var en appelsin også noget, vi kun fik til jul. Det bedste var så, at man bare lavede en lille åbning foroven, puttede en sukkerknald ned dér og så suttede man og klemte al saft op der igennem. Det var bare en himmerigsmundfuld.
Nå, men sådan én havde jeg altså lagt fra mig inde i stuen, fordi mor havde kaldt på mig ude fra køkkenet, og da jeg kom ind igen, var den væk. Charlotte havde smidt den i kakkel-ovnen. Hun påstod, at der ikke havde været mere tilbage. Det var der måske heller ikke, men så var det ihvertfald hende, der havde spist det sidste.

Det er underligt, at man husker sådan en lille ting, men man må jo huske på, at sådan noget som appelsiner, nødder, dadler og figner , det fik man altså kun den ene gang om året. Der blev kun købt et begrænset kvantum og så var det bare med at få det til at vare alle helligdagene, jul og nytår. Der var ikke noget, der hed, at man bare hentede noget mere.

Til Charlottes undskyldning tjener nok, at hun allerede dengang var ordentlig med alting. Intet måtte ligge og flyde. Vi andre nåede aldrig op på siden af hende, hvad det angår. Vi kunne bedre tåle lidt rod.

Vi gik aldrig i kirke juleaften. Vi skulle jo gå til Aasted Kirke, og der var adskillige kilometer.

Om sommeren gik jeg sommetider i kirke. Jeg kan erindre, at vi gik derop. Jeg holdt mor i hånden, så jeg har ikke været ret gammel dengang.

Der var en gammel pastor Bremer, som også har døbt mig.

Senere blev han afløst af en forholdsvis ung pastor Thanning, som til stor forargelse for mange gik i plusfours. Til dem, der ikke måtte vide, hvad det er, kan jeg fortælle, at det var

benklæder, der sluttede lige under knæet. Der var rimelig meget vidde i dem, men vidden blev samlet under knæet med en stram kant.
Hvad der var næsten lige så slemt : Han stod på ski !! Der var sandelig kommet nye tider til Aasted Sogn!

Bukserne hed også på mere dansk "pludderbukser" og folkeviddet kaldte dem "fjorten dages bukser ". Man mente, at når man havde dem på, behøvede man ikke gå på WC ret tit,- det kunne samles op !

Men for at vende tilbage til julen, og eftersom disse linier skrives i julen 1993, kan jeg rigtigt tænke tilbage på, hvor beskedent det hele var, men måske alligevel en større oplevelse.
Eftersom jeg var den mindste, og efterhånden også den eneste, far og mor havde derhjemme, fik jeg lov til at dække bordet til juleaften.
Det kunne jeg så gå og hygge mig med, mens mor og far var på gården for at malke- dyrene skulle jo passes først. Mens Mona var hjemme, var hun også ovre for at hjælpe til.

Der var altid købt en juledag af papir, og jeg tror kun, der var to motiver at vælge imellem. Enten nisser eller julestjerner.
Men disse to motiver har egentlig holdt sig godt op igennem årene.

En juleløber af papir var der også altid købt. Jeg tror, den blev lagt på den hvide dug, hvis vi havde gæster i julen.
Hos os hed det nu ikke gæster dengang,- vi havde bare "fremmede".
Så var der en æske med chokoladefigurer i kulørt staniol. Det var vores bordpynt og jeg måtte bestemme, hvem der skulle have hvilken figur ved sin tallerken. Det gik jeg meget op i, kan jeg huske.
Hvis der var snor i dem, kunne de bagefter hænges op på juletræet.
Jeg tror nok, at jeg selv altid valgte en fugl, for dem syntes jeg bedst om.
Det får mig så egentlig nu til at tænke på, at jeg også idag holder meget af fugle. Jeg har en del fuglefigurer stående.

På juletræet var der kræmmerhuse og flettede hjerter, og så nogle glaskugler. Det er såmænd ikke så forskelligt fra, hvad der hænges på idag.

Vi havde dog ingen stjerne i toppen, men sådan en høj glasopsats, som jeg nu senere har læst, oprindelig stammer fra Tyskland. Det skulle være en slags model af den tyske pikkelhue/hjelm som soldaterne brugte i kejsertidens Tyskland.

Så havde vi også papirblomster, roser og asters. Der blev lavet nye hvert år,- de tålte ikke så godt at blive gemt ned i kasser fra år til år. Ellers foregik der nok ikke så meget hjemme hos os. De ældre søstre var nok hjemme på besøg på deres fridage.

Og så var der skolens juletræ. Det var mellem jul og nytår. , og så var skolestuen pyntet, så den slet ikke var til at kende igen.
Jeg kom jo også med inden min egen skoletid, for Mona gik der jo allerede fra før jeg blev født.
Og dér havde man jo så fået sin nye kjole,- jeg tror nok, vi fik hvert år til jul - og og så en sommerkjole til pinse.

Men der stod det så,- det fine, store træ- lige midt i skolestuen. Vi gik rundt om træet og sang julesalmerne og senere legede vi

sanglege, Mon ikke de fleste af dem er ved at
gå i glemmebogen ?

Vi fik da også en lille slikpose, og så var der
boller og kakao inde hos lærer Pedersen. Der
fulgte skam meget med at være et lærerpar
dengang i den lille landsbyskole. Så havde de
kendskab til forældrene, som nutidens store
skoler og forældremøder aldrig kan opveje.

Nu skal man nok heller ikke tro, at alting bare
var rosenrødt.

Vi var nok rimeligt heldige i Ribberholt,-
senere hører man jo om mange steder, hvor
lærerne skelnede meget mellem børn fra de
større gårde og dem fra små kår.
Jeg syntes i al fald godt om at gå i skole, men
jeg var vist ikke så glad for det de første dage
.
Jeg tror nok, at jeg var rendt hjem en dag,
hvor Mona så tog mig bag på cyklen og kørte
mig tilbage igen, inden mor opdagede det.
Ellers havde jeg da nok også fået én på
hovedet. Mor var meget nøje med, at vi skulle
opføre os ordentligt og høre efter, hvad man
fik besked på.

Tilbage til julekjolen. Der er én bestemt, som jeg aldrig glemmer. Det er en skam, at jeg ikke kan tegne den, men jeg må beskrive den, så godt, jeg kan. Mørkerødt fløjl, stor krave der gik ud over skuldrene, en Bertha -krave hed det. Langs med forkanten af den en række klare glasknapper. De var skålformede og så var der en lille rød prik i midten. Ellers var faconen nok ganske almindelig, men jeg følte og føler nok stadig, at jeg aldrig nogensinde har følt mig så fin !

Det er mærkeligt, at man stadig kan huske det så mange år efter. Jeg tror ikke, jeg har været mere end fem år, for vi har et billede af mig i en senere vinterkjole og der ved jeg, at jeg var 6 år, og jeg er sikker på, at det var før den.

Det er underligt, at der sådan er bestemte ting, der sætter sig fast i hukommelsen, men det må vel være, fordi den ting lige på det tidspunkt har betydet en her masse for én.
Jeg har i det hele taget meget med at huske kjoler, også Monas. De tre ældste var jo ikke så tit hjemme, så der er ikke nogen, jeg specielt husker.

Dog husker jeg en vinterfrakke, som Marie havde. Det har været omkring 1935-36. Hun var i en bagerforretning i Frederikshavn. Frakken var af sort stof, men så havde den PELSÆRMER, sikkert kaninskind, men jeg syntes ihvertfald, at min søster var en meget fin dame.
I forvejen var jeg nok nærmest lidt bange for hende,- hun var lidt skrap !

Igen tilbage til julen. Dengang startede man ikke så tidligt som nu.

Julekalendere og adventskrans var ukendte, ihvertfald hos os. Jeg så den første adventskrans under krigen 1940-45. Jeg mener at have læst et sted, at den første julekalender kom i 1947. Vi fik en lille beskeden én i pap i 1050, da Marianne var 1 år, og det var nok mest for min egen skyld. Hun var da ligeglad på det tidspunkt.

Men når man nu ikke begyndte så tidligt, så forsøgte man til gengæld at trække den så længe som muligt. Juletræet skulle i al fald stå til efter Helligtrekonger,- det gør vores stadigvæk- og først da var julen forbi. Men

der var da mange juleballer og sammen-
komster helt hen til 14.- 15. Januar.
Man kan godt få den fornemmelse, at idag
skal man helst have alt på forskud.
Straks efter nytår er der fastelavnsboller hos
bageren og når vi så når fastelavn, er al
påskepynten klar til at tage over.
Er vi bange for ikke at nå det hele, eller er det
bare et spørgsmål om at få så mange penge
fra folk som muligt?
Jeg mener, at fornemmelsen for de
forskellige højtider var mere intens dengang,
eller er det, fordi vi er blevet gamle, at vi
synes, alting var bedre før ? Det tror jeg nu
ikke er helt rigtigt, alle klager jo også over, at
alting er blevet så forjaget og stresset .

Jeg mener bestemt heller ikke, at alt var
bedre før. Tag nu bare vore gode lune huse og
lejligheder. Jeg kan skam godt huske, hvor
koldt det var at komme op om morgenen, når
der ikke var ild i kakkelovnen.
Jeg har også prøvet at ligge under dynen og
prøve at tage så meget tøj på som muligt,
inden man skulle ud på det kolde gulv.   I
Skaftved skulle vi også hente vand langvejs
fra , for vi havde ingen brød eller pumpe ved
huset. Vand til rengøring og vask hentede vi i

en lille bæk eller i dammen, der var tæt på huset.

Til madlavning hentede vi det vist ovre på teglværket eller også havde man det med ovre fra gården. Jeg kan faktisk ikke rigtigt huske det, men så var vand heller ikke noget, der blev frådset med. Det kan jeg godt love for !

Marianne :   juletræ - Arkivbillede fra nettet

Marianne : Nationalmusset har en fin udgivelse om at være barn i 30'erne :

Ribberholt Skole

Forrest fra venstre i 1. Bordrække: Martin Jensen, Ingemann Nielsen. 2. Række:Børge Pedersen, Svend Christiansen. Bagerste bordrække fra venstre:Poul Christensen, Knud Jakobsen. 1. Bordrække fra venstre: Edith Pedersen ,....Christiansen. 2. Bordrække fra venstre: Lilly Nielsen, Ruth Smedegaard. Bagerste række fra venstre : Christian nielsen, Svend....... Enelærer Ingemann Pedersen. Ca 1935 -1936

Nu vender vi så lige tilbage til skolen i Ribberholt, hvor vi alle fem har gået.

På Ribberholt skole var der STOREKLASSE og LILLEKLASSE.

Lilleklasse gik i skole 4 dage om ugen om sommeren og to dag om vinteren, og så var det omvendt i storeklasse.

Så slap de små for at komme så tit ud i kulden om vinteren. Og dér kunne man også bedre undvære de store derhjemme på gårdene og husmandsstederne. Om sommeren kunne de så gøre gavn derhjemme.

Vi kunne heller ikke selv bestemme, hvor vi ville sidde i klassen. Vi havde prøver engang imellem og så blev vi rykket frem og tilbage- alt efter hvor dygtige, vi var.De dygtigste sad så øverst,- det havde måske været bedre, hvis det havde været omvendt.De såkaldt svage, dengang hed det de dumme elever, havde måske lært noget meter, hvis de havde siddet nærmere læreren og tavlen.

Jeg blev så ydermere mødt med den besked, at jeg vel nok skulle op og sidde øverst, for det havde alle mine søstre jo gjort.

Til mit store held var det så heller ikke noget problem, men havde jeg nu ikke været særlig boglig, så havde jeg nu nok følt det som et vældigt nederlag.
Særlig pædagogisk var det nu heller ikke set med vore dages øjne, men som sagt, jeg klarede mig.
Nu havde jeg også den dumme astma at slås med, så jeg kunne ikke hævde mig særlig godt ude på legepladsen. Jeg tror nok, at det også hjalp med til, at så skulle jeg ihvertfald vise dem, at der var *noget*, jeg var god til.

Vi havde ellers en dejlig lærer i Ingemann Petersen.
Senere hørte vi meget om alle dem, der fik en masse bank (andre steder)
Jeg har aldrig set ham slå en enste gang.
"Måske var vi særlig artige"

Nå, det tror jeg nu ikke, men var der optræk til uro i klassen, så bankede han i katederet med sit lange pibeskaft. Han røg altid på en lang pibe,- men aldrig inde i klassen.. Han havde den bare altid med sig og stillede den så ved siden af katederet. Men så tændte han det altid ligeså snart det var frikvarter, og jeg kan endnu se ham gå ud, helt indhyllet i røgskyer.

Vi lærte da også rimelig godt, for da jeg i tolvårs-alderen kom i Flade skole og startede i sjette klasse, blev der også afholdt de samme prøver. Og til stor irritation for de andre rykkede jeg ved første prøve op på førstepladsen. Altså var jeg ikke særlig populær!
Heldigvis kom der samtidig en ny pige fra Skagen, hun rykkede op som nummer 2, og så var vi jo to, der kunne holde lidt sammen.

Jeg blev også sat til at læse med Henny, som senere blev min gode veninde. Jeg kunne ikke begribe, at hun ikke kunne lære at læse ordentligt. Idag ved jeg jo, at hun var ordblind. Hun er desværre død for mange år siden.

Forresten ville Hansens, som ejede Skaftved, gerne betale for mig inde på Privatskolen i Frederikshavn. Så kunne jeg følges med deres datter, som var 2 år ældre end mig.

Mor og far mente ikke, det var en god ide, for det var nok mest, fordi jeg så kunne hjælpe Karen. Hun havde nemlig ikke så let ved at lære, som jeg havde.

Jeg skulle heller ikke have nogle fordele fremfor mine ældre søstre. Samme besked fik jeg også, da en af mine lærere senere mente, jeg skulle på mellemskole. Der gik man dengang fra man var 12 til 16 år. Så havde man det, der hed en mellemskoleeksamen, senere kunne man så få realeksamen, og så igen videre til gymnasiet.

Sådan skulle det altså ikke være, og jeg har jo også klaret mig alligevel.

Jeg tror heller ikke, det med Privatskolen havde været nogen god ide. Der tror jeg nok, der var for meget "Upstairs- Downstairs". Det mærkede jeg allerede lidt, når Karen havde veninder med hjem derinde fra. Så var jeg kun med til deres leg, hvis jeg ville gå og rydde op efter dem og hente deres bolde, når de var trillet ind under buskene. Det blev jeg hurtigst træt af, men når vi var alene to, legede vi da udmærket.

VASKEDAGE

Nu idag har jeg så lige vasket en del tøj i vaskemaskinen, og så kommer jeg selvfølgelig til at tænke på vaskedage før i tiden.

For nu at starte med da vi boede på Skaftved: Når jeg tænker på, hvad det var for et kæmpearbejde bare at hente vandet ! Jeg er ikke 100% sikker men jeg tror, at om sommeren, når vejret var godt, slæbte vi tøjet ned til bækken for at skylle det dernede. Men alligevel blev der slæbt mange spande vand til sådan en storvask.

Dengang vaskede man også højst én gang om måneden, - strømper og lignede blev nok vasket i hånden engang imellem, men så skulle der også bruges ekstra vand.

Ikke så underligt, at mor var slidt op, da hun var 60 år.

Først skulle tøjet sættes i blød dagen før selve vaskedagen- hvidt tøj for sig og kulørt for sig. Først var det soda, man brugte. Senere kan jer huske, vi fik noget, der hed Henko til iblødsætning.

Næste dag skulle der så fyres op under gruekedlen, som de færreste idag nok ved,

hvad er. Det må man gå på museum for at se..
Men det var altså nærmest en kæmpegryde,
som der var muret op omkring og så var der
et stort trælåg til. Nede foran var der så et
sted, hvor man kunne fyre . Det skulle der
også hentes brænde til.

Der kom så det hvide tøj i sammen med
selvfølgelig vand og brun sæbe, og når det så
havde kogt godt et stykke tid, kom det over i
en vaskebalje, og så blev det skrubbet godt
på vaskebrættet. Og hvis det havde været
meget snavset - og det kunne det godt være
her ude på landet, ja, også i byen, hvis det
havde været brugt for længe, ja - så blev det

altså kogt engang til. "Renkogt" kaldte man det.

Det der med at skrubbe på vaskebrættet kunne godt slide huller på knoerne. Jeg prøvede det jo selv senere, da jeg var blevet voksen.
Hvis der var en fin, hvid dug med til vask, blev den kun kogt med anden gang. Den var jo ikke rigtig snavset,

Det kulørte tøj blev så hevet over i vandet fra det hvide tøj, og fik så også en omgang på vaskebrættet.
Hvis det trængte til mere, fik det en omgang til i vandet fra anden kogning. Derefter skulle det så skylles - et par gange mindst- og
vrides og hænges ud. Det var bestemt en heldagsforestilling dengang.

Tænk på de arme koner inde i byerne, som tjente til dagen og vejen ved at gå ud at vaske for folk. Det var jo hver eneste dag, de skulle igennem sådan et program. Det enste de slap for, var at skulle hente vand til det. Det var inde i husene, ihvertfald de huse, hvor man havde råd til en vaskekone.

Intet under at de var nedslidte i en tidlig alder. Jeg syntes, det var slemt nok en gang om måneden.

Da jeg var hjemme hos far i Danmarksgade - efter mors død- stiftede jeg bekendskab med en "vugge".

Det var en lidt høj træbalje, nærmest hvor der var en slags indsats med tynde træruller, som man så skulle stå og vugge frem og tilbage.
Håndtaget sad så tilpas højt til at man heller ikke skulle stå og bøje sig - som over vaskebrættet.
Jeg syntes, det var dejligt, men mange lidt ældre koner mente nu nok ikke, at tøjet blev så rent som før. Men vaskebrættet eksi-

sterede jo stadig, så tøjet kunne jo altid få en ekstra tur , hvis det var nødvendigt.

Da jeg (som gift) kom til Videslet- Tjeneste-bolig, som hørte til Statsfænglet Krag-skovhede- da stiftede jeg for første gang bekendtskab med en elektriske vaskema-skine. Den kunne man leje. Det var et rundt apparat med en slags rotor i midten, hvor tøjet så både kogte og vaskede samtidig.

Dertil kunne man så også leje en vride-
maskine, der kunne monteres derpå. Så
begyndte der at ske ting og sager ! Dengang
efter 2. Verdenskrig.
Vridemaskiner fandtes også tidligere, men de
skulle drejes med håndkraft.

Så begyndte der også at komme møntvas-
kerier inde i byen, hvor man kunne tage hen
og vaske sit tøj og mon ikke stadig der er
møntvaskerier i de større byer- også idag

Jeg tog da også ind og vaskede i Frederiks-
havn, også efter at vi var flyttet her på
Bjørnsvej i 1967. Først lige efter vores

sølvbryllup i 1974 fik vi selv en vaskemaskine.
Den holdt i ca 10 år. Den vi så fik, kører

endnu-også idag - 15.01.2001- hvor jeg sidder også skriver ind på computer, hvad jeg skrev i hånden i 1996. Den har dog haft en større reparation. Men det må da være godt kram. Dem, man køber idag, holder ikke så længe, tror jeg. Men så var der jo heller ingen gang i salget.

Men sikke en forskel fra sliddet dengang til idag, hvor man bare trykker på en knap !

Men set i bakspejlet var der også en vis tilfredshed med, at man så virkelig havde udrettet et stykke arbejde, og man var godt træt. Nu havde man klaret det hele, og der var heldigvis længe til næste gang.

Jeg tror nu også, man havde et andet forhold til tøjet dengang. Nu er det bare noget, man smider til vask, senere så i vaskemaskinen,- måske i tørretumbleren- og så i skralde- spanden, når det ikke dur mere......eller man måske bare er blevet træt af det.
Jeg tror ,det gav et andet forhold til tøj, når man havde hvert enkelt stykke i hånden indtil flere gange. Og så var det jo forresten heller ikke så let at anskaffe sig noget nyt i min barndom og ungdom.

Nu kommer jeg så igen tilbage til min mor, som aldrig nåede den luksus,

det var, at have sit eget toilet med træk og slip,- for sket ikke at tale om et badeværelse med hvad der dertil hører.

Arkivbilleder fra nettet

Hvordan mine forældre boede inden de kom til Vendsyssel, ved jeg ikke så meget om. Jeg mener, mor den første tid efter at have fået Marie, boede hjemme hos sin far. Måske var stedmoderen allerede død på det tidspunkt,

for hende var hun da ikke særligt gode venner
med.

Derefter boede mor og far vistnok mest i og
omkring Tindbæk. De bestyrede en lille gård
på et tidspunkt, måske to forskellige, for jeg
mener at have hørt om én, der hed Risager.
Mona taler om Trehøje, - det
er jo heller ikke så vigtigt. Det vidste Marie
og Charlotte mest om, men det fik jeg aldrig
ordentligt rede på.

Derefter kom de som allerede nævnt her til
Vendsyssel i 1916, hvor de så,- indtil vi
flyttede til dét, der dengang hed Vester Flade,
(nu bare vestbyen ud ad Hjørringvej,
Frederikshavn) - boede på Skaftvedhus

Skaftvedhus var et lille stråtækt hus, som
tilhørte gården Skaftved, hvor far blev
fodermester efter sin teglværkstid.
 Jeg ved ikke præcis hvor længe, men efter
de mange indkaldelser til sikringsstyrken, har
der måske ikke været mere arbejde på
teglværket.
Det lyder heller ikke usandsynligt.

Skaftvedhus, som det lille hus hed og vist stadig hedder, var bestemt ikke noget særligt, og som sagt helt uden nogen form for luksus. Men det tænkte jeg jo ikke over dengang. Det var jo mit hjem.

Der var et loft, hvor jeg læste mine første "rigtige" romaner, nemlig "Gøngehøvdingen", "Dronningens vagtmester", "Valdemar Sejr" osv. Lige så snart jeg havde lært at læse, slugte jeg alt, hvad jeg kom i nærheden af. Jeg tror, Marianne har arvet lidt af det, for hun læste også meget og gør nok stadigvæk.

Det første sted vi boede inde på Hjørringvej, var i en lejet underetage af et hus hos en sadelmager. Det ligger skråt overfor, hvor ALDI nu ligger. Sadelmageren havde værksted i den ene ende af huset og boede selv i et par værelser ovenpå.

Han var ungkarl i begyndelsen, senere fik han sig en kone. Men hvis jeg husker rigtigt, blev de også senere skilt igen. Men da boede vi der ikke mere.
Han var en sjov lille mand med meget korte ben, det ene var helt stift og lidt krummet.

Han havde en specielt konstrueret cykel , hvor han trådte almindelig med det ene ben, men med det stive ben skulle han kun vippe op og ned med pedalen. Hvem mon der havde opfundet den cykel ? Jeg var på det tidspunkt 12 år.

Der boede vi nok 2 - 3 år, vi boede der ihvertfald den 9. April 1940.
Jeg var ikke hjemme den dag, men mor fortalte, at sadelmageren sad ude på WC hele dagen. Hver gang, der kom en overflyvning, styrtede han derud igen. WC'et var et lille skur nede i bunden af haven og mor fortalte ham ellers, at hvis tyskerne smed en bombe, så kunne det da være ligemeget, om han sad dér eller inde i huset !
Men han havde selvfølgelig nervøs mavepine !

Det var egentlig et tilbageskridt i forhold til Skaftved, for der skulle vi da ikke ud for at komme på WC. Det var i et bagrum, hvor der også var vaskerum og trappe op til loftet.

Derfra flyttede vi ned i stuehuset til en nedlagt gård, der lå - eller ligger lige bagved den nuværende Falckstation.

Da jeg var barn, lå Falck- stationen på hjørnet af Vestergade og Arenfeldtsgade og brandstationen lå dengang i Kirkegade.

Nå, men der boede vi ellers frit, dvs jeg boede jo ikke fast hjemme mere. Jeg var nu konfirmeret og ude og tjene mine egne penge.

EFTER KONFIRMATIONEN

Efter at jeg havde været et år i Aarhus, boede jeg hjemme et stykke tid, hvor jeg bl.a. brugte et halvt år på at lære at sy. Det forlangte mor, at jeg skulle,- det havde de fire store også gjort.
   Det var nu sommetider lidt træls altid at skulle det samme som dem. Men dengang protesterede man ikke så meget. Man gjorde, hvad ens forældre forlangte- jeg gjorde i hvertfald.

Så flyttede far og mor ned i Danmarksgade 37, i et lille baghus, inde i gården, hvor Anne Helenes Bodega (*nu Farmors Cafe 2018*).

Dengang var det en cigarhandler, der boede og havde forretning i forhuset. Måske kan

Marianne huske huset,- hun har tit været med dernede.

Min mor døde desværre sommeren 1945, hun nåede ikke engang at bo der i et helt år.

Far flyttede til en pensionistbolig midt i halvtredserne. Der er jeg ikke helt sikker på årstallet, men da han fyldte 70 år boede han der ihvertfald endnu (*Danmarksgade*).

Her er jeg så ikke kommet længere i min kladdebog, jeg har også tænkt mig at renskrive mine dagbøger, som jeg begyndte på samtidig med, at Finn kom ud og sejle.

Oprindelig var det egentlig kun tænkt som nogle notitser om, hvor i verden han var henne. Men så blev det da efterhånden til at jeg skrev lidt hver dag. Dorte var også på det tidspunkt rejst til Bruxelles, og så var der jo lidt at skrive om dernede fra. Vi begyndte at rejse, både til Belgien og andre steder.

Hvis mine læsere synes, der er et hul i beretningen fra da jeg blev gift og da børnene var små, så har jeg altså skrevet et lidt sammenfattet resume over mit liv til Arbejdermuseet. Der lægger jeg så nu en kopi sammen med denne beretning, og ellers

dukker der måske også ting op i forbindelse med dagbøgerne, som jeg sådan uddybe nærmere.
Men dér kan mine kære børn jo sikkert også selv huske en masse.

Mine morforældres børn:

*Marie Jensen f. Nielsen, født 27. mar 1908 Læsten Sogn
(moderens hjem) mellem Død 2.4.1997
Charlotte Amalie Pedersen f. Nielsen, f. 9. Febr. 1910
Læsten sogn (moderens hjem) Død 3.2 1991
Clara Mikkeline Nielsen f. Nielsen født 5. aug 1913.
Risagergaard, Tindbæk. Død 1999
Mona Sørine Vadsager, f. Nielsen   født 15. september
1916. Skaftvedhus. Død 8. 7 2008
Bertha LILLY Lauritzen f. Nielsen   født d. 21.februar
1925. Skaftvedhus Død Fyn 13.nov 2005*

*Kunne være fra Moster Monas 70 års fødselsdag i
september 84. Bagerst fra venstre: Klara 71, Marie 76,
Charlotte 74, forrest fra venstre: Mona 80, Lilly 59*

Marianne:

Det følgende er fra mors artikel til Arbejdermuseet. Jeg har sprunget faktuelle oplysninger om forældre, søskende og barndomserindringer over, da de allerede er i det foregående.
Artiklen er skrevet på opfordring af HK til Arbejdermuseets arkiver.

Jeg har koncenteret mig om beskrivelserne fra hendes voksen- og arbejdsliv.
Fotografierne er indsat af mig.

Hele artiklen findes på <u>www.arbejdermuseet.dk</u> under arkiv og Lilly Lauritzen

MIT VOKSEN OG ARBEJDSLIV

..........altså kom jeg ud af skolen som 14-årig og fik en plads i huset, så jeg er ikke noget typisk eksempel på et HK medlem med elevplads og så videre. Jeg arbejdede under krigen 1940 -45 mest som stuepige på hoteller *(Svinkløv Badehotel)*, **institutioner** *(Nervesanatoriet Risskov)***osv. Private huse var ikke lige mig. Medhjælper på en frisørsalon har jeg såmænd også været.**

Så traf jeg min mand og vi blev gift i 1949 og så var jeg hjemmegående i 12 år. Indtil da havde vi boet i en tjenestebolig, som så skulle sælges. Og vi måtte så pludselig til at se os om efter noget andet at bo i.

Samtidig søgte Skagensbanen en medhjælper til Jerup Station og så kunne man i den forbindelse leje den nedlagte Napstjert Station. Det blev så vores løsning på dét problem og vi boede der, indtil vi i 1967 selv byggede hus her i Jerup.
Jeg "avancerede" efterhånden, kom også til at arbejde nogle år på Skagen station, senere blev det så DSB i Frederikshavn.
I løbet af den periode blev jeg så endelig medlem af KH og det er så grunden til, at jeg idag sidder her som seniormedlem og skal forsøge at skrive mine erindringer.

Dette var så en slags resume over mit liv og jeg skulle så se, om jeg kan fylde noget mere konkret på:

Jeg syntes, jeg havde en dejlig barndom, selvom vi jo nok efter en eller anden målestok kunne kaldes fattige.

Vi havde da altid nok at spise, tøj havde jeg da også, selvom en del nok var genbrug eller omsyet fra de store .

Men jeg er dog helt sikker på, at jeg hver sommer og hvert år til jul fik en ny kjole, eller rettere sagt, stof til en ny kjole. Mor kendte altid nogen, der kunne sy og efterhånden kunne mine ældre søstre også være sypiger.

Mor var af den faste overbevisning, at sy, det var noget, vi alle fem skulle lære.

Så på et tidspunkt har vi alle fem boet hjemme i seks måneder og lært kjolesyning his en dameskrædder. Selvfølgelig ikke på samme tid, men på et eller andet tidspunkt, når det passede ind i vores tilværelse.

Alle fem nåede at lære det, inden vi blev gift. Min ældste søster nedsatte sig endda som "sypige" i nogle år. Det må nok have været i begyndelsen af trediverne.

Min sy uddannelse faldt i 1942, altså under krigen. Det var lidt af en oplevelse,- stof var jo nærmest ikke til at opdrive. Min "lærerinde"

var lidt fin, så hun ville ikke sy om af gamle ting.
Altså, det var utroligt, hvad folk lige pludselig kunne bruge som kjolestof, men der var jo nok også nogle, der havde "forbindelserne", så de kunne skaffe stof.
Men det blev så et lille sidespring fra min barndom, som jeg altid har syntes, var god. Jeg havde ikke så mange legekammerater, men nogle stykker var der da, selvom de ikke boede lige ved.

Ved vores hus var der en lille dam, og hvis det var en vinter med frostvejr, så flokkedes vi der, efter at min far havde sagt god for isens holdbarhed. Der var da heller aldrig nogen, der faldt igennem.
Vi var allesammen gode til at bruge vores fantasi, og det gjorde vi med stor flid. (Det var vi jo nærmest også tvunget til, for vi havde ikke meget andet.)
Jeg havde dog to store dukker, "Elizabeth", som var så fin, og blev behandlet med stor forsigtighed, og Lone, som nok er blevet slidt op.
 En dukkevogn havde jeg forresten også. Det havde nu nok alligevel sine fordel at være den lille. Mine søstre påstod da også, at jeg var

vældig forkælet, men det kunne jeg selvfølgelig ikke se.

Når jeg ellers sådan gik alene og skulle underholde mig selv, digtede jeg nok en vældig fantasiverden med fine damer i flotte kjoler.

 Hvorfor mon egentlig- for sådanne havde jeg aldrig set?
Nå, et enkelt ugeblad holdt vi nu vist, så dér havde jeg nu nok set nogle billeder, og da jeg kunne læse meget tidligt, slugte jeg med begærlighed alt, hvad der var tilgængeligt af læsestof: Gøngehøvdingen og bøgerne om de gamle konger, Valdemar Atterdag og Valdemar sejr osv

De lå i en kasse oppe på loftet i det lille stråtækte fodermesterhus, vi boede i, jeg kan tydeligt huske den specielle lugt, der var deroppe under taget en varm sommerdag.

Jeg var vældig glad for at gå i skole, jeg havde let ved at læse og lære og som følge deraf mente min lærer også, at jeg skulle fortsætte min skolegang, men her er det så mine forældre siger nej, det skulle ikke gøres forskel.

Det var heller ikke nogen større sorg for mig, jeg havde på det tidspunkt ikke nogen forestilling om, at det kunne være noget for mig.

Jeg tror, jeg ville have følt mig som en hund i et spil kegler,- jeg var meget genert dengang, og alene den ene gang, jeg skulle skifte skole, står for mig som lidt af et mareridt.

Derimod var skolevejen ikke altid særlig behagelig, der var vel tre km,- og jeg var også dengang meget plaget af astma- en arv fra fars familie. Så i regn og blæst var det bestemt ikke særlig morsomt.

Jeg var den eneste i skolen, der havde det problem, så jeg blev nærmest betragtet som lidt af en mærkelig størrelse, fordi jeg jo næsten aldrig kunne være med til at løbe og springe.

Set i bakspejlet tror jeg nok, at det var derfor, jeg også forsøgte at være så god som mulig til alt skolearbejdet - så kunne jeg få lidt revanche dér.

Men jeg havde nu også en elskelig gammel lærer, da jeg gik i skolen Ribberholt, og det er nok for en stor del ham, jeg idag kan takke for, at jeg idag kan bruge sproget som et værktøj. Jeg holder utroligt meget af at skrive, så det her er jo en ren fornøjelse for mig

Nå, men jeg blev altså konfirmeret (28.03.1939), og så var det min tur til at komme ud og tjene egne penge. Jeg havde først en såkaldt "formiddagsplads" hos en kriminalbetjent. Jeg skulle fortrinsvis passe deres lille dreng og så gøre lidt rent, selvom "fruen" var hjemmegående. Det var andre tider dengang.
Så var jeg i køkkenet på KFUM's pensionat, på en sommerrestaurant og derefter tog jeg til Aarhus, hvortil også én af mine søstre var rejst. Der blev jeg stuepige på en nerveklinik. Bestyrerinden var ret streng, men vi havde gode, faste arbejdstider, som der aldrig blev rokket ved.

Sammen med kokkepigen tog jeg om sommeren på nogle dejlige sommeraften-cykelture rundt om Aarhus . Vi kørte ud ad Ringvejen- ud til Varna, hvor violinisten Wandy Tworek spillede på terrassen. Vi kunne sætte os på den anden side af vejen, hvor der var fin udsigt ud over Aarhus-bugten. Der hørte vi så lidt på musikken, vi havde jo selvfølgelig ikke råd til at sidde på restauranten, og det var vist heller ikke noget for sådan nogle fattige tjenestepiger som os.

Vel hjemme fra Aarhus gik jeg som allerede nævnt på et sykursus i et halvt år. Jeg lærte mange ting, som jeg senere kunne bruge og i de "magre år" i slutningen af krigen skete det da også, at jeg tjente lidt ved at sy for andre. Men det fik aldrig min store interesse, men da var mor jo så død og jeg gik hjemme hos far, og selvom han sørgede godt for mig, så var det jo alligevel rart at tjene en lille ekstraskilling.
Jeg ville jo gerne ud at danse lidt engang imellem, så var det da alligevel penge efter den tids indtægter.

Inden min mor døde var mine forældre flyttet ind til selve Frederikshavn i en lille baggårdslejlighed, som ikke var speciel god. Men dengang var man ikke så kræsen. Det lå ligesom i luften, at jeg som den eneste ugifte af vi piger skulle tage hånd om far, selvom det jo ikke lige var det, jeg havde gået og drømt om.

Man havde jo udlængsel, nu da grænserne igen var åbne, og jeg havde da ihvertfald drømt om, at jeg da skulle prøve at se mig lidt om i verden,- Sverige var da en mulighed, mente jeg.

Nå, men som sagt flyttede jeg hjem til far, og eftersom min far var en utrolig dejlig mand, var det nu heller ikke så slemt. Jeg tog som før nævnt lidt småjobs rundt omkring, lidt hotelarbejde om sommeren og havnede så som medhjælper på den førnævnte frisørsalon.

Så kom der jo lige pludselig en hel flok af de nye fængselsbetjente ud på Statsfængslet Kragskovhede, og deriblandt en vis Christian Lauritzen, og så gik det, som det går, når unge mennesker mødes !

Vi blev glade for hinanden - jeg blev gravid - i juli 1949 blev vi gift og i 15. December fik vi vores ældste datter.

Vi var så heldige at få en halvanden-værelses lejlighed i Frederikshavn *(Kildevej)* , hvor vi så boede, indtil vi fik tilbudt en dejlig stor lejlighed i frie omgivelser lidt nord for Jerup-VIDESLET , Napstjert. Bygningerne tilhørte Statsfængslet.

Mens vi stadig boede inde i Frederikshavn i vores lille lejlighed, kom far hver dag cyklende ud til os og fik sin middagsmad. På det tidspunkt arbejdede han på et cement-støberi.

Han blev pensionist i 1952 og nogle år herefter flyttede han til en dejlig pensionist-lejlighed på Ingeborgvej. Det var vist nok det fineste, han havde boet i,- der oplevede han for første gang at have toilet med træk og slip.

Da vi var flytte til Napstjert , blev jeg igen gravid, desværre var vores lille dreng dødfødt, men det tog man nu engang som en af livets tilskikkelser. Man skulle ikke til en psykolog og i en forening og hvad man nu ellers gør i vore dage.

(VIdeslet -tidligere feriehjem - i 1953 tjeneste-boliger til Statsfængslet Kragskovhede)

Dengang kunne man godt acceptere, at livet ikke altid var rosenrødt, men vi har jo også haft en her anden opvækst- en sundere efter min ringe mening.
I 1957 fik vi så igen endelig lille pige og i 1961 en dreng.

Dorte 14. Februar 1957.   **Finn 23. Januar 1961**

Det var nogle dejlige år på Videslet, som stedet hed. Vi var fire unge familier, vi hyggede os sammen, sad ude i forårssolen, når den kom frem,- haver var der ikke rigtigt meget af, så havearbejdet slap vi for.

Vi havde lidt høns og senere fik vi også en lille minkfarm,-hvad der på dén tid fandtes alle steder, især på vores egn.

Dette "driverliv" sluttede så i 1961 næsten samtidig med, at vores søn blev født. Husene skulle sælges, og vi måtte finde noget andet at bo i.
Vi var så heldige, at vi kunne leje den nedlagte Napstjert Station. Den kunne vi leje, mod at jeg så tog noget arbejde på Skagens-banen.

I starten var det kun nogle ganske få timer, slet ikke nok til at komme i fagforening, men senere blev det så til mere afløsningsarbejde rundt omkring på banens stationer. Jeg blev oplært i lidt af hvert, også sikkerhedsprøvet, som det hedder, så jeg også kunne betjene sikkerhedssystemerene på stationerne. Jeg endte på Skagen station til sidst, hvor der var fjernstyring, så det fik jeg også lært.

Det var altsammen noget, der passede mig godt, jeg har altid kunnet lide afvekslende arbejde. Der må jo gerne ske noget nyt engang imellem.
Både min mand og jeg havde skiftende arbejdstider, så vi deltes om børnepasning og husarbejde, så det var ikke noget problem med børnepasningen.
Marianne, vores ældste , var jo også 11 år, da den den yngste blev født, så ved hjælp af gode naboer og nogle gange en lidt ældre skolepige gik det fint. (*Susanne Rubow*)

De er i hvertfald alle tre kommet godt fra start.

Først da jeg i 1972 blev fast vikar på Skagen station, blev der tale om en fagforening.

Jernbaneforeningen ville ikke have mig på grund af nogle regler. Jeg var jo ikke startet helt fra bundet som elev, men var nærmest kommet ind sådan lidt ad bagdøren. Så det blev altså HK, hvad jeg også var godt tilfreds med.

I 1980 skiftede jeg så til Frederikshavn og DSB. Der var lønnen også bedre og det fik jeg så gavn af, da jeg i 1987 gik på efterløn . I Frederikhavn havde jeg nogle dejlige år med dejlige kolleger.
 Det havde jeg også på Skagensbanen,- jeg har i det hele tagetaldrig været utilfreds med mine arbejdspladser. Der har da været småting, men det kan vel aldrig helt undgås.

Også fra Frederikshavn blev jeg ind imellem sendt på afløsning, så jeg kendte efterhånden det halve Vendsyssel. Man kan også roligt sige, jeg fik min trang til afveksling opfyldt.

Privat havde årene bragt os til Jerup , hvor vi i 1967 byggede os et hus, som vi stadig bor i. Børnene voksede op og er alle i gode stillinger. Vores næstældste har boet 15 år i Bruxelles, hvor hun også blev gift og fik børn.

Det indebar så, at vi kom til at rejse meget derned,- og også andre steder. Vi har altid kørt meget rundt på egen hånd. Den omsiggribende charterturisme, som kom til op gennem årene, har aldrig rigtig været vores kop te.

Som efterlønner/pensionist begyndte jeg på alt dét, jeg ikke kunne som ung.
Det hele startede egentlig med, at jeg bare skulle lære noget fransk, fordi Dorte nu boede i Belgien, men så kunne jeg jo ligeså godt tage et ekstra fag, når jeg nu skulle til det.

Så pludselig bragte det ene det andet med sig og jeg har nu en hel HF - eksamen.   (tilføjet i 1999)

Jeg holder meget af Piet Heins gruk:

TÆK DIT TAG MED ÅND OG VIDEN, ÅND ALENE TRODSER TIDEN.

Det var så , hvad jeg synes, der var at fortælle om mit liv indtil nu. Det blev lidt en blanding af arbejde og privatliv, men jeg synes vist egentlig også, at de to ting hører sammen- så tror jeg, man har det bedste liv.

Mit arbejde har været spændende og interessant, og jeg havde nok ikke været lykkeligere, hvis jeg som ung var blevet lagt fast på en uddannelse.. Så var jeg fortsat med det resten af tiden,- det gjorde man dengang. Nu fik jeg mulighed for at prøve lidt af hvert. Det hører også med til historien, at jeg siden 1958 har været et rimeligt aktivt medlem af vores Hjemmeværn, hvor jeg også har fået en masse dejlige oplevelser og mødt en masse fornuftige mennesker med samme interesse.

I 2004 solgte mor og far huset på Bjørnsvej til Marianne og flyttede derefter til ældreboligerne på Sindalvej. Her fik de et fint lille hjem og boede her indtil de med 10 mdr's mellemrum døde i 2006.

Christian døde 1.1.2006 efter 3 mdr's sygdom med en uhelbredelig svulst i hjernen og Lilly døde 13. november under et ophold hos Dorte og Jørgen i Kværndrup på Fyn af et hjertestop.